DIVINDADE
E
ELETRICIDADE

- uma analogia -

Décio Martins de Medeiros
São Paulo – Brasil

Divindade e eletricidade

Informações bibliográficas:
Autor: Décio Martins de Medeiros.
Título: Divindade e eletricidade.
Subtítulo: uma analogia
Local, Ano: São Paulo - Brasil, 2022.
Páginas: 73 páginas tamanho 6"x9".
Assuntos: 1. Divindade. 2.Cristianismo.

Sumário

A comunidade divina

Os cristãos acreditam que a divindade é uma comunidade com três pessoas divinas: O Divino Pai; O Divino Filho; O Divino Espírito Santo.

Estas três pessoas divinas são infinitas portanto a elas se aplica a aritmética de números infinitos e não a aritmética de números finitos.

Na aritmética de números finitos, se somarmos 1 finito com 1 finito com 1 finito teremos 3 finitos. Se temos 1 finito e dividimos por 3 então temos 1/3 finito.

Na aritmética de números infinitos, se somarmos 1 infinito com 1 infinito com 1 infinito teremos 1 infinito. Se temos 1 infinito e dividimos por 3 então temos 1 infinito.

Somar infinitos resulta em infinito.

Três Infinitos é igual a Um Infinito. Cada um deles é um infinito e juntos são um infinito. O Pai e O Filho são Um Infinito. O Pai, o Filho e o Divino Espírito são Um Infinito.

Por que só 1 Divino Pai? Por que só 1 Divino Filho? Por que só 1 Divino Espírito?

Porque basta uma fonte divina, um caminho divino e uma corrente divina para fazer passar a divindade pelo coração do ser humano.

A fonte divina é infinita, o caminho divino é infinito , a corrente divina é infinita, mas a parcela de corrente divina que passa pelo coração do ser humano é finita porque o ser humano é finito. A quantidade de corrente divina que passa pelo coração do ser humano depende quanto este ser humano resiste ou se abre para recebê-la.

Precisamos dos três divinos, dos três infinitos individualmente, mas cada um com a única essência divina infinita.

Se houvesse apenas o Divino Pai como fonte infinita, ela seria inacessível e não poderia ser dispensada ao ser humano.

Para o Divino Pai, a fonte infinita, ser acessível, é preciso do caminho infinito, o Divino Filho. Partindo da fonte infinita, através do caminho infinito, o Divino Espírito, a corrente infinita, passa pelo ser humano na quantidade finita que o ser humano deixar e resistir a ela.

Diferentes analogias

Curioso descobrir que algumas fórmulas que interligam grandezas do mundo mecânico tem a mesma estrutura que no mundo elétrico.

Katsuhiko Ogata em seu livro Modern Control Engineering nos ensina que:

"O conceito de sistemas análogos é muito útil na prática pois um tipo de sistema pode ser mais fácil de ser manuseado experimentalmente do que um outro tipo . Por exemplo, ao invés de construir e estudar um sistema mecânico, nós podemos construir e estudar seu análogo elétrico porque, em geral, sistemas elétricos ou eletrônicos são muito mais fáceis de lidar. "

"Analogias não estão limitadas a sistemas elétricos e sistemas mecânicos; elas são aplicáveis a quaisquer sistemas desde que suas equações diferenciais, ou funções de transferência, sejam de forma idêntica."

No livro A Prática da Criatividade , o autor George M. Prince ensina que, entre as maneiras de pensar, o elemento mais construtivo é o uso de metáfora, onde a pessoa estabelece analogia entre o seu problema e outro objeto ou ideia. No apêndice 6 de seu livro, Prince apresenta uma sugestão de mundos onde podemos procurar estabelecer analogias com outros mundos: Acústica; Aeronáutica; Agricultura; Animais; Arqueologia; Arquitetura; Arte; Astrofísica; Astronomia; Barulho; Biologia; Botânica; Cinema; Comédia; Computadores; Corridas; Costumes tribais; Criminologia; Dança; Edifícios; Educação; Eletricidade; Espionagem; Esportes; Exploração; Feitiçaria; Ficção científica; Filosofia; Finanças; Física; Geologia; Guerra; História; Máquinas; Matemática; Medicina; Meteorologia; Mineralogia; Mitologia; Moda ; Modelos; Oceanografia; Política; Pontes; Química; Rochas; Substâncias sintéticas; Teatro; Tempo e espaço; Trabalhos de madeira; Trabalhos de metais; Transportes; etc.

Analogia com a eletricidade

Para entender a Divindade podemos utilizar a analogia com a <u>Eletricidade</u>. Num circuito simples de eletricidade com uma fonte, um condutor, uma corrente, uma resistência, podemos, por analogia, considerar o ser humano como a resistência, que recebe a corrente do Divino Espírito Santo, que chega ao ser humano através de Jesus Cristo, o Divino Filho, a divindade encarnada, que é o caminho até a fonte de tudo, que é o Divino Pai.

Vamos usar o conhecimento da eletricidade para procurar entender a divindade.

Ambas são invisíveis mas podemos sentir seus efeitos.

Conceitos básicos de eletricidade:

Fonte de energia elétrica: É um elemento com uma diferença de potencial elétrico capaz de fornecer uma corrente elétrica através de um circuito elétrico.

Diferença de potencial: É a diferença de carga elétrica entre as extremidades de uma fonte.

Corrente elétrica: É o fluxo de partículas portadoras de carga elétrica que atravessa um condutor, quando existe uma diferença de potencial entre as extremidades.

Circuito elétrico: É o caminho da corrente elétrica que é gerada pela fonte, percorre um condutor, passa por uma carga, e volta à fonte.

Resistência elétrica: É um elemento com a capacidade física de se opor à passagem de corrente elétrica mesmo quando existe uma diferença de potencial aplicada.

Conceitos cristãos sobre a divindade:

A divindade é uma fonte de dons para a humanidade. Estes dons com origem divina para chegar até a pessoa precisam passar pela interface divino-humano.

 Para o cristão:
*O Divino Pai é a fonte de dons.
*O Divino Espírito Santo é o portador dos dons que saem da fonte.
*O Divino Filho é a única interface entre o divino e o humano, é o único condutor do portador dos dons desde a fonte até o ser humano.
*Um Ser humano pode ser destinatário dos dons, se por sua livre e espontânea vontade, escolhe receber ou rejeitar os dons que lhe são doados pela divindade.

A analogia que usaremos será:

fonte elétrica --- fonte divina.

condutor elétrico --- condutor divino.

corrente elétrica --- corrente divina.

resistência à corrente elétrica --- resistência à corrente divina.

O circuito divino

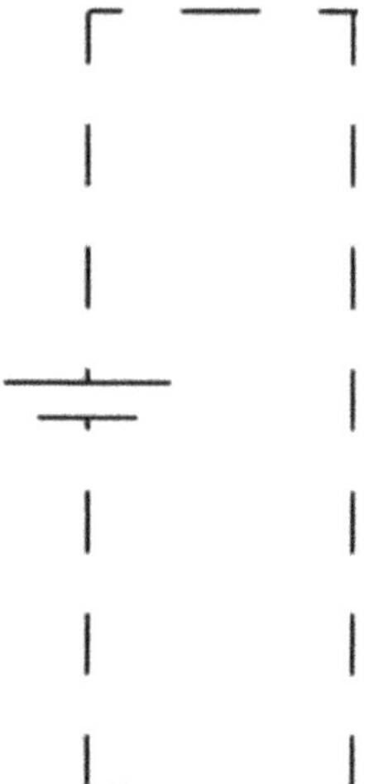

O circuito divino é constituído por uma fonte divina, um condutor divino, uma corrente divina.

A corrente divina flui a partir da fonte divina, através do condutor divino, e retorna para a fonte divina, que além de fonte é um sorvedouro.

A divindade é a fonte infinita com um condutor infinito ligando seus polos, e pelo qual passa uma corrente infinita.

A divindade, sem a humanidade, é um curto circuito!

O circuito divino-humano

Quando introduzimos a raça humana neste circuito, ela é uma resistência à passagem da corrente divina.

O condutor divino que liga os polos da fonte divina é o mesmo que liga os polos da humanidade. É Cristo, a divindade encarnada, o condutor divino-humano, a interface entre divindade e humanidade. A intensidade da corrente que sai da fonte e percorre o condutor e então passa pela pessoa humana depende da resistência que a pessoa humana exerce.

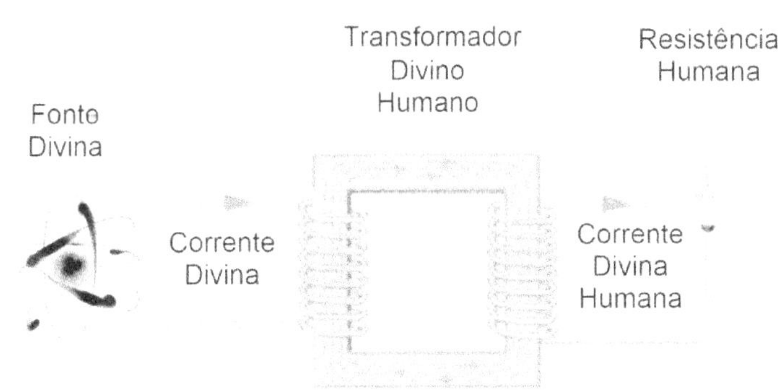

Cristo, que é a divindade encarnada, é tanto humano quanto divino, é a interface divino-humano, o condutor que permite que a corrente divina que se origina na fonte divina e flui através do condutor divino, passe através da raça humana e volte para a fonte divina.

A substância da divindade é espiritual.

A fonte divina produz uma corrente divina espiritual, a própria substância da divindade.

O Divino Espírito é o que a Divindade dispensa aos seres humanos.

É pelo circuito divino (fonte, condutor, corrente) que a Divina corrente espiritual é dispensada aos seres humanos.

O amor da fonte divina, a graça do condutor divino, e a comunhão da corrente divina são os três estágios da única Divindade.

Sem esses três estágios, a essência da Divindade, isto é, a Divina corrente espiritual, nunca poderia ser dispensada aos seres humanos.

O circuito Divino é desenvolvido a partir da Divina fonte, no Divino condutor, e pela Divina corrente.

A fonte divina é a origem de todas as coisas visíveis e invisíveis.

A fonte divina é invisível e inatingível.

A divindade encarnada em Cristo, o condutor divino, a interface humano-divino, é acessível à humanidade.

Toda a plenitude da fonte divina transita pelo condutor divino.

A fonte divina invisível é revelada em Cristo, a divindade encarnada, o condutor divino, que é a imagem, a expressão da Divindade.

A fonte divina e o condutor divino são um só circuito divino.

Por meio do condutor divino, a fonte divina inacessível passa a ser acessível aos seres humanos.

Assim, a pessoa humana pode interagir com a fonte divina por meio do condutor divino.

Cristo, a divindade encarnada, é o condutor divino. Ele é a interface divino-humano.

A divindade, passa pelos seres humanos, através da corrente divina que provém da fonte divina e é transmitida aos seres humanos pelo condutor divino.

A corrente divina carrega com ela a divindade da fonte e o contato humano do condutor que é divino e humano.

Cristo, o condutor divino, é a encarnação da divindade. A corrente divina é a percepção de Cristo.

A corrente divina dá a vida ao ser humano.

Através da corrente divina a pessoa humana contata a divindade e experimenta Cristo.

A fonte divina, o condutor divino e a corrente divina não são três divinos, mas uma só divindade.

A divindade da fonte está no condutor divino encarnado, e o condutor divino, com sua interface divino-humano, transmite a divindade na corrente divina.

Quando a corrente divina entra na pessoa humana, é a própria divindade da fonte divina que é dispensada à pessoa humana.

O objetivo do circuito divino é dispensar a divindade ao espírito humano da pessoa. Assim, a divindade habita no espírito humano. A pessoa humana é templo da divindade.

A fonte divina, o condutor divino e a corrente divina parecem ser três tipos diferentes de divindade, mas na realidade é uma só divindade.

Se a divindade não existisse, então não existiria a fonte divina, nem o condutor divino, nem a corrente divina.

Numa extremidade do circuito divino – humano está a fonte divina, o depósito de divindade, enquanto na outra extremidade está a humanidade. Entre as duas extremidades está Cristo, a divindade encarnada, o condutor divino, a interface entre o divino e o humano. Por este circuito circula a corrente divina.

Tudo o que a fonte divina e o condutor divino são e tudo o que eles tem, está na corrente divina.

A corrente divina nos vem através da natureza divina e humana de Cristo, a divindade encarnada, o condutor divino-humano.

A corrente divina fornece orientação à pessoa humana. A intensidade da corrente divina que passa pela pessoa humana é tanto maior quanto menor for a resistência da pessoa à sua passagem, e quanto mais for desfrutada pela pessoa humana.

O ponto fundamental do circuito divino ligado à humanidade é a corrente divina habitando em nosso espírito humano.

A pessoa humana precisa aprender a não resistir à passagem da corrente divina. Aprender a ter comunhão com Cristo, a divindade encarnada, o condutor divino.

A pessoa humana precisa lidar com a corrente divina que passa por ela, pois ela é o alimento que vem da divindade.

O ponto fundamental do circuito divino-humano é lidarmos com o Cristo, a divindade encarnada, o condutor divino, recebermos a corrente divina e ficarmos cheio dela.

O ponto fundamental do circuito divino-humano é a fonte divina expressa no condutor divino, e o condutor divino expresso na corrente divina, e a corrente divina expressa em nós.

Ao entrarmos em contato com Cristo, a divindade encarnada, o condutor da corrente divina, então esta corrente vai dispensar vida em nós, a iluminação interior.

A corrente divina nos transmite vida, liberta e transforma nossa natureza interior e nossa forma exterior.

A corrente divina renova nossa mente, emoção e vontade.

O ser humano é uma resistência à passagem da corrente elétrica.

O ser humano tem seu espírito humano no centro de sua alma.

É pelo espírito humano que passa a corrente divina.

Nosso espírito humano é morada da corrente divina. A divindade é acessível ao ser humano porque habita em nosso espírito.

Se nossa alma impedir a passagem da corrente divina então não poderemos entrar em contato com a divindade.

A corrente divina deve penetrar em nossa alma de maneira a entrar em nosso espírito.

O primeiro dom de cada existência cristã, o dom fundamental, é a corrente divina. A corrente divina é o dom que Jesus prometeu nos enviar. Sem a corrente divina, não há relação com Cristo, o condutor divino, nem com a fonte divina. Porque a corrente divina abre o nosso coração à presença da divindade e o atrai para a fonte de amor que é a fonte divina.

Cristo, o condutor divino encarnado deve nos tocar de maneira a permitir que a corrente divina percorra nosso espírito humano.

A divindade, através da corrente divina, toma nosso espírito humano como moradia. Devemos esquecer de tudo e nos concentrar no Cristo, o condutor divino que, através da sua corrente divina, habita dentro de nosso espírito humano.

A vontade da divindade é que a pessoa humana se volte para o interior de seu espírito humano, onde pode contatar a corrente divina, ser cheio da corrente divina, ocupado pela corrente divina, ser um com a corrente divina. A pessoa humana deve deixar que a corrente divina, que habita seu espírito humano, assuma o controle e a posse dela.

Oramos para que a corrente divina chegue até nós para sermos alimentados com sua energia.

Se somos crentes, então temos a corrente divina percorrendo nosso espírito humano.

Nosso espírito humano quando está arrependido diante da divindade e aberto a ela, então não coloca resistência à passagem da corrente divina.

Os dons recebidos são uma ajuda, mas não são o alvo nem o ponto crucial. O ponto crucial é o Cristo, que conduz a corrente divina, que habita o interior do espírito da pessoa. A divindade é fonte de amor e o amor é a expressão da vida.

Para não resistir à passagem da corrente divina devemos procurar fugir de nossos pensamentos, emoções e escolhas e assim, esvaziando-se de si mesmo, abrir espaço para a corrente divina preencher nosso espírito humano. A meditação cristã é uma prática que tem este propósito e que convida a corrente divina a visitar seu espírito humano ao repetir, sem pronunciar, as palavras em aramaico Maranatha, que significa 'Vem, Senhor'.

A corrente divina que vence a resistência humana é que vivifica, reaviva e fortalece a pessoa em sua integridade de corpo e alma e sua parte mais interior, mais íntima, seu espírito humano.

O espírito humano é a habitação da corrente divina e se mescla com ela.

O espírito humano é o local onde podemos experimentar a corrente divina. Nosso espírito humano é o local para receber a corrente divina.

O objetivo da divindade é dispensar sua corrente divina ao ser humano, e o lugar onde isso ocorre é no espírito humano.

Nenhum esforço é necessário, apenas não resistir à passagem da corrente divina. A passagem da corrente divina dará frutos à pessoa.

Os dons resultam da corrente divina experimentada como graça pela pessoa. A pessoa pode receber dons espirituais, mas ainda assim permanecer carnal e imatura.

A pessoa deve atentar para voltar-se ao seu íntimo, ao seu espírito humano, ao seu núcleo, para contatar a corrente divina e ter comunhão com ela. Este deve ser um exercício constante, e este exercício é a chave para uma vida de comunhão com a divindade que habita em nosso íntimo.

No circuito divino, a fonte é invisível, a corrente é invisível, mas o condutor, a interface humana-divina, o transformador humano-divino, este é visível.

A corrente divina resplandece no nosso núcleo, o íntimo de nossa alma, para iluminação do conhecimento da glória da fonte divina, expressa pelo condutor, pela interface divina-humana.

Lâmpadas são necessárias para "conter" eletricidade. A humanidade foi criada para "conter" divindade, para a divindade se expressar através de suas criaturas.

O ser humano foi feito para ser templo da corrente divina.

O ser humano é o recipiente feito para receber a corrente divina com seu conteúdo de amor que provem da fonte divina, através do condutor divino (a interface transformador divino-humano) e chega no íntimo, no núcleo da pessoa humana.

A divindade é uma fonte de dons para a humanidade. O maior dom é a corrente divina que passa pelo íntimo da pessoa humana. Essa corrente divina que provém da fonte divina chega à pessoa humana conduzida pela interface humana-divina, o transformador humano-divino: Cristo.

Todos os dons recebidos pela pessoa humana são frutos da corrente divina que passa pelo íntimo da pessoa.

A fonte divina, o condutor transformador divino-humano, a corrente divina, são um só circuito divino, uma só divindade.

É pelos três distintos elementos do circuito divino que a divindade executa sua vontade de levar a corrente divina para dentro da pessoa humana.

A vontade da divindade é expressar-se a si mesma em cada pessoa humana, por meio de seus três elementos divinos: a fonte, o condutor transformador divino-humano, a corrente, formando um único circuito divino.

E o circuito humano? Quais são seus elementos? Corpo, alma (mente) e espírito (coração, núcleo, íntimo, centro da alma).

Precisamos ajustar nossa mente e coração, de forma que, pelo entendimento da mente e pela receptividade do coração, possamos receber a corrente divina.

Em algumas pessoas a mente está fechada ou o coração está fechado e assim não tem a oportunidade de experimentar a corrente divina. Para experimentar a corrente divina precisamos lidar com nossa mente e sintonizar adequadamente o nosso coração, assim faremos a vontade da divindade.

As partes da alma são mente, vontade e emoção.

As partes do espírito humano são consciência, comunhão e intuição.

O íntimo da pessoa, seu núcleo, seu coração inclui as partes mente, vontade, emoção e consciência.

A função do espírito humano é entrar em contato com a corrente divina, ter comunhão com a divindade, recebê-la e adorá-la.

Quando a corrente divina toca nosso espírito humano, então ele é avivado. A corrente divina dá vida, dá animo ao nosso espírito humano.

A pessoa humana deve invocar com frequência a palavra Maranata (que significa, vem, divindade), para que venha a corrente divina e, com isso, a sua força boa e criativa, lhe permita ser menos egoísta e mais altruísta e ser assim um sinal de conforto e de esperança para as outras pessoas.

A presença da corrente divina percorrendo o espírito da pessoa humana a torna capaz de perceber a presença da divindade e sua obra, não nas grandes coisas mas nas pequeninas.

O espírito humano não só é avivado como também recebe outra vida para dentro dele. Essa outra vida é a corrente divina.

Quando a corrente divina vem para dentro do espírito humano ela não apenas dá vida ao nosso espírito morto como também introduz a própria divindade em nosso espírito. Essa é a regeneração, é a nova vida, onde o espírito humano é mesclado com o espírito divino.

A lâmpada elétrica é uma boa analogia para representar o ser humano em contato com a divindade.

A lâmpada tem uma parte que pode entrar em contato com a eletricidade. O ser humano tem o espírito humano que pode entrar em contato com a divindade.

O contato da lâmpada ao ser alimentado pela corrente elétrica produz calor em seu corpo e ilumina seu interior e exterior. O espírito humano ao ser alimentado pela corrente divina energiza seu corpo humano e ilumina sua alma que reflete para o exterior.

O corpo da lâmpada protege suas partes interiores. O corpo humano protege suas partes interiores.

A pessoa humana é como uma lâmpada que, quando a corrente divina passa por ela, acende seu espírito, anima sua alma, dá vida a seu corpo! O condutor divino, a interface transformador divino-humano, é a luz do mundo.

A corrente divina, quando solicitada, e recebida pela pessoa, pode relaxar o corpo, acalmar a mente, tranquilizar o coração.

A maravilhosa corrente divina habita em nosso espírito humano. Nosso espírito humano, mesclado com a corrente divina, formam um só espírito.

O espírito humano é o núcleo, a parte mais íntima do ser humano, que tem o papel de contatar a divindade e experimentá-la.

Após o espírito humano ser animado pela passagem da corrente divina, e se unido a ela como uma única corrente, um único espírito, então o espírito humano se torna capaz de interagir com a divindade.

A primeira coisa que precisamos aprender para reduzir a resistência humana à passagem da corrente divina é negar nossa alma, que é o nosso ego.

Como a alma é composta de três partes (mente, vontade, emoção) então, para reduzir a resistência humana à passagem da corrente divina, precisamos aprender a negar nossa mente natural, nossa vontade natural, nossa emoção natural.

Em segundo lugar, a alma precisa ser purificada através de receber a corrente da divindade.

Quanto mais negarmos a nossa alma, o nosso ego, então mais ela será purificada pela divindade.

Em terceiro lugar nossa alma precisa ser transformada.

A alma precisa ser negada, depois purificada e então transformada com o objetivo de refletir a divindade.

Nosso relacionamento com a divindade é sempre iniciado e mantido pelo nosso íntimo, pelo nosso espírito humano,

Qualquer coisa que entra em nosso espírito humano precisa entrar através de nossa alma. Qualquer coisa que saia de nosso espírito humano, tem de passar por nossa alma.

Assim, nossa alma tem o poder de abrir ou fechar o íntimo, o núcleo, o coração do ser humano.

A maneira mais eficaz de abrir o coração das pessoas é comunicar o amor da divindade.

Abrindo bem as portas do seu coração fica fácil para a corrente divina tocar o espírito humano.

Se a pessoa está cheia de si mesma então ela está fechada para a entrada da corrente divina. Ela precisa esvaziar seu espírito humano para então se abrir para a entrada da corrente divina.

Com o coração aberto então a consciência fica mais aguçada.

Uma consciência pesada é uma resistência ao nosso contato com a corrente divina.

Arrepender-se e confessar nossas faltas limpa nossa consciência.

Se a consciência está pesada então não há contato com a corrente divina e a intuição não funciona, e nosso espírito humano não sente a vontade de receber a divindade.

Quando a corrente divina toca nosso espírito humano, temos um conhecimento interior, sentimos algo da divindade em nosso espírito humano, e precisamos da mente para compreender o que sentimos no nosso espírito humano.

Com a passagem da corrente divina pelo espírito humano temos a vida eterna e ela precisa se espalhar para dentro das partes interiores da alma e as saturar consigo mesma. Isso fará com que a alma humana se transforme à imagem divina. A imagem de Cristo estará então refletida no pensamento da pessoa. A mente entenderá o que a pessoa sente em seu espírito humano.

A mente nunca mais fará coisas por si mesma, mas se colocará no espírito humano, que é percorrido pela corrente divina. A mente estará posta na parte espiritual e não no corpo material.

Quanto mais a mente permanecer com a corrente divina passando pelo seu espírito humano, então mais ela estará sob o controle de seu espírito humano.

Mas só quando, pela vontade própria, estivermos prontos para obedecer à vontade divina, é que seremos capazes de entender.

A divindade criou o ser humano com a vontade livre, ela sempre deixa ao ser humano a opção de escolher.

Como ter o fluir da corrente divina dentro das partes interiores da pessoa humana?

Cristo realizou sua obra na cruz e, assim, introduziu a corrente divina fluindo em nosso interior.

Mas então, por que muitas pessoas não tem o fluir livre da corrente divina?

Porque o fluir da vida espiritual, o fluir da corrente divina não está liberado no interior dessas pessoas.

Há muita sujeira que precisa ser removida. Sujeira na consciência, na emoção, na vontade e na mente dessas pessoas.

A pessoa para diminuir essa resistência ao fluir da corrente divina precisa querer limpar seu coração, seu espírito humano. Se arrepender dos erros e pedir perdão.

Para reduzir a resistência à passagem da corrente divina a pessoa precisa negar seu ego, deixar de ser cheia de si mesma, e abrir espaço para a passagem da corrente divina.

Para entender como a corrente divina nos transforma, precisamos entender primeiro o que é a corrente divina.

Os seres humanos são incompletos sem a corrente divina.

A divindade tornou sua corrente divina disponível para aqueles que a aceitarem receber no próprio coração, no seu núcleo, no seu íntimo, no seu espírito humano.

As escrituras retratam a corrente divina como a manifestação do poder da divindade em Sua criação.

A divindade pode infundir em nós os dons divinos. Esses atributos espirituais divinos transformam nossa natureza humana, à medida que nos tornemos participantes da natureza divina. Ao fazer essa escolha correta, então devemos usar a corrente divina para vencer a nossa natureza carnal.

Assim como a corrente elétrica é essencial para acender uma lâmpada, assim também a corrente divina é essencial à vida eterna. E, como a corrente elétrica é uma força invisível e poderosa, assim também a corrente divina é uma força invisível e poderosa para nosso crescimento espiritual.

A corrente divina pode ser comparada a uma corrente elétrica. A eletricidade flui através de um condutor conectado a sua fonte para fazer funcionar algum dispositivo. Enquanto o fluxo de corrente elétrica dessa fonte for ininterrupto, esse dispositivo tem carga total. Mas qualquer interrupção de corrente elétrica vem acompanhada de perda de energia para esse dispositivo. O contato permanente com essa fonte de poder elétrico é essencial.

O mesmo acontece com a corrente divina. Como o ser humano não tem a capacidade de armazenar a corrente divina a fim de usá-la quando quiser, se cortar o relacionamento com a divindade, então nos afastamos desse poder, que age em nós. Por isso, o nosso íntimo, o nosso espírito humano, deve se renovar dia a dia.

Como a corrente divina pode ser um dom se seu efeito em nós depende de termos um relacionamento constante com a divindade?

A corrente divina como dom só está disponível para aqueles que vivem dentro dos limites determinados pela divindade.

Manter um relacionamento estreito com a divindade é a chave para recebermos sua corrente divina. A divindade é a fonte dessa corrente divina que nos chega através da interface divina-humana, que é o condutor divino, um transformador divino-humano.

A divindade, ativa e diretamente, nos capacita através de sua corrente divina.

A corrente divina, como nossa auxiliar, implica uma fonte de ajuda que está disponível em nossos momentos de dificuldade ou preocupação—transmitindo-nos a orientação e o auxílio da divindade.

Divindade e eletricidade

A divindade está no céu, mas ao mesmo tempo está em nós, assim como, a eletricidade que está na fonte é a mesma que está em nossa casa.

Para usar a eletricidade em casa precisamos ligar a chave, da mesma forma para experimentar a divindade, a pessoa precisa ligar a chave que é o espírito humano, e assim a corrente divina percorre o espírito humano.

Embora a corrente divina percorra o nosso espírito humano, este está muito colado à nossa alma..

A corrente divina está em nosso espírito humano, mas a maneira de chegar até ela é deixando de ser cheio de si, dia após dia. A alma é o ego. O ego é o próprio centro da pessoa humana e é o ego que precisa ser anulado.

Muitas pessoas usam muitas vezes a palavra eu. Nestas pessoas não há nada senão o ego, o estar cheio de si. Para o cristão a vida deve ser o esvaziar-se a si mesmo. Parar de falar eu, eu, eu, e mais Cristo que vive em cada um.

Negar a alma significa mudar o foco de si mesmo para o espírito humano, onde passa a corrente divina, carregada de dons.

Todas as necessidades da pessoa são satisfeitas na corrente divina que passa pelo espírito humano da pessoa.

Quando permitimos que a corrente divina passe por nosso espírito humano então ela poderá nos encher e nos ocupar.

A corrente divina carrega dons para nosso espírito, para darmos frutos.

Onde está a chave para contatarmos a divindade?

Está em nosso espírito humano.

A divindade que é ilimitada se limitou para habitar em nosso espírito humano.

Por isso precisamos aprender a ligar a chave de contato com a divindade.

A todo momento voltarmos para o nosso eu que está em nosso espírito humano, desconectando-nos do nosso ego que está em nossa mente, em nossa alma.

Temos que esquecer as coisas ao redor e curtir a corrente divina que percorre nosso espírito humano.

A paz interior será refletida para o exterior.

Quando você estiver em uma situação difícil, volte-se para seu espírito humano e contate a divindade.

Sempre que nos voltamos ao nosso espírito humano para contatar a corrente divina, estamos na luz, em comunhão com a divindade. Exercitando o espírito humano e negando a vida da mente, a vida da alma.

A divindade criou o ser humano como o centro de toda a criação com o propósito de expressar a si mesma.

O ser humano tem a vida divina e eterna, a qual é a própria divindade como nossa vida.

A diferença entre a divindade e a vida divina é como a diferença entre a eletricidade e a luz.

A eletricidade é usada não apenas como luz, mas também como força, calor, etc.

Da mesma forma, a divindade é nossa vida e muitas outras coisas.

A corrente divina em nosso espírito humano é a vida eterna. Se o espírito humano não contém a corrente divina então não há vida eterna, porque a vida eterna está na corrente divina.

A pessoa humana não ganha a vida eterna quando ressurge dos mortos, ela ressurge dos mortos porque tem a corrente divina em seu espírito humano.

É por meio do fluir da corrente divina que todas as riquezas da divindade são trazidas a nós.

Quanto mais tivermos o luir da corrente divina, então mais estaremos na presença da divindade e assim podermos conhecer a vontade e o caminho da divindade.

A resistência humana

A matéria de que é feito o ser humano existe há milhões de anos mas a história da dimensão espiritual da vida registrada pela escrita tem alguns milhares de anos apenas.

A dimensão material da vida é a parte visível, objeto de estudo da ciência.

A ciência segue em busca de mais conhecimento e encontra cada vez mais o desconhecido: Newton publicou suas leis do movimento, a termodinâmica de Maxwell tornou insuficientes as leis de Newton. Einstein afirmou que era falsa a hipótese de Newton sobre o tempo. A física quântica demonstrou que as leis de Newton não se aplicam ao mundo das pequenas partículas. A teoria das cordas mostrou que a física quântica é incompleta. A teoria M mostrou que a teoria das cordas é incompleta. A teoria M, que é extensão da das cordas precisa de corroboração empírica… E chegamos no limite da nossa matemática… Esse campo precisa evoluir para suportar a nova física que está chegando… O que falta para complementar estas teorias? Sempre faltará alguma coisa… O ser humano é limitado mas o desconhecido é ilimitado!

A ciência reconhece que não tem todas as respostas para os mistérios da vida.

Quanto mais a ciência descobre, mais ela quer e precisa descobrir. Quanto mais perguntas são respondidas então maior é o número de perguntas a responder. No limite , se descobre que o "tamanho" do desconhecido é infinitamente maior do que se tornou conhecido.

No início se conhece pouco e não se sabe o quanto não se sabe.

À medida que se conhece mais então se percebe que existe muito mais a conhecer.

No fim, no limite, se conhece muito e se percebe que o tamanho do desconhecido é infinitamente maior que o tamanho do conhecido.

A dimensão espiritual da vida é invisível, não material, conhecida para alguns místicos e religiosos, desconhecida para muitos, inexistente para outros.

A ciência trabalha com a dimensão material e não tem como provar que a dimensão espiritual não existe.

A ciência, a razão, só pode apreender o que é de natureza sensível, enquanto que, a inteligência do coração é capaz de apreender os princípios suprassensíveis.

A pergunta que não quer calar: O que faz a química se transformar em biologia?.

As dimensões material e espiritual são dimensões distintas em inter-relação, que integram a pessoa.

Quando a pessoa nasce, ela já vem programada com uma personalidade única e individual, e algum conhecimento e alguns talentos, carregados como memória genética, e conhecimento adicional pode ser adquirido pela pessoa com o auxílio da ciência e também pode ser descoberto, por acaso, como numa revelação, num insight.

Por outro lado, o ser humano encontra o desconhecido quando nasce, quando vive e quando morre. O conhecimento adquirido a partir das descobertas daquilo que antes era desconhecido é como se o desconhecido criasse o conhecido.

Assim como o computador tem uma dimensão material, o hardware; tem uma dimensão não-material, o software; e , para funcionar precisa ser alimentado com energia,

também a pessoa humana tem uma dimensão material, a dimensão física; tem uma dimensão não-física, a dimensão espiritual; e, para funcionar precisa ser alimentada com energia vital.

Assim como o computador sai de fábrica carregado com um sistema operacional e alguns aplicativos básicos e, a medida que vai sendo usado, recebe novos aplicativos, o mesmo acontece com a pessoa humana.

Os aplicativos da dimensão espiritual da pessoa humana são: mente, vontade, emoção, consciência, intuição, companheirismo.

A dimensão espiritual engloba apreciar uma boa música, apreciar um belo quadro, cantar uma canção, chorar, se emocionar, amar, crer, experimentar a relação com outros seres, se abstrair de uma situação, as surpresas, os caprichos, a sorte ou o azar.

O software "anima" o hardware. A dimensão espiritual "anima" a dimensão física.

Os corpos físicos de todas as pessoas são constituídos dos mesmos elementos químicos. O que torna cada pessoa única e irrepetível está em sua dimensão espiritual que dá a forma única a seu corpo físico.

No centro, no núcleo, no mais íntimo da dimensão espiritual da pessoa está a essência da pessoa. Observe que a essência da pessoa não muda mesmo quando mudam todos os átomos de seu corpo, seus pensamentos, suas emoções, suas realizações, seus relacionamentos, suas coisas. A pessoa pode perder todas as suas coisas que ainda assim sua essência continua sendo ela mesma, a mesma pessoa.

Na dimensão espiritual da pessoa, em seu "sistema operacional" tem algo que anima a pessoa a buscar a luz, a verdade, o desconhecido.

À medida que nos aproximamos da luz , da verdade, "enxergamos" com mais clareza. Quanto mais nos afastamos da luz, da verdade, então menos "vemos". Eu já experimentei isso pessoalmente: Quanto mais eu me afastava da Luz mais as coisas ficavam nebulosas, confusas, e nem percebia que estava indo na direção contrária à Luz. Quanto mais eu me aproximo da Luz mais as coisas ficam claras.

Quanto mais é dado a uma criatura aproximar-se do desconhecido, tanto mais cresce nela a reverência frente ao desconhecido.

A principal causa da resistência humana à passagem da corrente divina é o ego.

Como diminuir a resistência e abrir espaço no coração para receber o divino e oculto amigo?

A resposta é dizer o mantra cristão continuamente. Chamar o Senhor com o mantra Maranatha!.

A repetição do mantra Maranatha leva a pessoa além do seu ego.

Ao repetir o mantra, o ego não gosta pois, cheio de si, não quer abrir nenhum espaço no coração e por isso coloca essa resistência.

Essa resistência é instintiva do ego porque ele pensa que vai perder terreno ou diminuir sua influência.

Devemos dizer o mantra continuamente para colocar o ego sob nosso controle.

Um ego não controlado é causa de sofrimento, raiva e violência.

Um ego sob controle é mais feliz.

A contemplação, a meditação, a pura observação, sem analisar, reduz a resistência humana à passagem da corrente divina.

Observar, sem analisar, sem julgar, apenas observar, ajuda a separar o verdadeiro "eu" do "ego", isto é, ajuda a discernir, ajuda a descolar, o "espírito humano" da "alma", e, assim, reduz a resistência humana à passagem da corrente divina, que é o Espírito Santo, permitindo mesclá-lo ao nosso espírito humano, formando um só espírito em nosso coração, em nosso núcleo, isto é, na parte mais íntima de nossa alma, de nosso ser.

A prática da contemplação, como contemplar a natureza das plantas, dos animais, das pessoas e de si próprio, e manter a paz no coração com a aceitação da vida como ela é, abre nosso espírito para a vinda do Espírito Santo ao nosso coração.

Sentir paz no coração é experimentar a presença do Espírito Santo.

Anthony de Mello ensina que a auto-observação é observar tudo em você e ao seu redor, o mais distante possível, como se fosse outra pessoa. Isso não é o mesmo que a auto-absorção, a auto-preocupação.

Recomenda encarar as coisas como se você não tivesse ligação alguma com elas. Seja um observador passivo, não interfira, assista, observe, não tente mudar nada, não julgue, não tome atitude. Acabe com a história de bem e mal, acabe com todos os julgamentos, simplesmente observe.

A consciência é entender que aquilo que você chama de Eu é nada mais que o conjunto de suas experiências passadas, seu condicionamento, sua programação. O Eu não é seus pensamentos, seu corpo, seu nome, sua carreira, suas crenças, sua religião. O Eu não é seus rótulos. Os rótulos pertencem ao Ego. O que muda constantemente é o Ego. O Eu não muda sempre. O Eu é o observador.

Ele afirma que ter consciência da realidade é observar, ver as coisas, descartar as ilusões, fantasias, e começar a ter contato com os fatos.

Ao entender o que é o Eu, então nada te magoará pois ninguém consegue atingir o seu Eu, apenas podem atingir o seu Ego.

Quando a ansiedade chegar, não lute contra ela, apenas observe e deixe-a passar.

O autor ensina que a razão de você não estar se sentido alegre agora é porque você está pensando naquilo que não tem. Concentre-se no agora e seja feliz.

Para você se desconectar de seu Ego, observe tudo como se estivesse acontecendo com outra pessoa: sem comentários, sem julgamento, sem interferência, sem tentar mudar, apenas entender.

Na auto-observação, se dê conta do que você está dizendo, fazendo, pensando, agindo. Conscientize-se dos motivos. Você controla aquilo que você tem consciência; aquilo que você não tem consciência te controla.

Consciência não é concentração. Concentração é foco. Consciência é estar aberto a qualquer coisa que entre no seu campo de ação.

Para encontrar seu Eu, livre-se dos rótulos, do Ego. Se preocupar com seus rótulos é chamar o sofrimento. O sofrimento é um sinal de que você não está em contato com a verdade. Quando você está consciente, você não tem preocupação, é feliz!

Quem não está consciente é manipulado, não curte a vida, está sempre tenso e ansioso. Isso acontece porque está se identificando com algum de seus rótulos, com dinheiro, emprego, profissão.

O seu Eu essencial não é sua profissão, sua roupa, seu nome. O Ego é que são todos seus rótulos.

Quatro passos para a sabedoria:

1-Tenha consciência dos sentimentos negativos em você.

2-Entenda que os sentimentos estão em você e não na realidade externa.

3-Nunca se identifique com os sentimentos, pois eles nada tem a ver com o seu Eu. Os sentimentos vem e vão.

4-Não queira mudar as coisas! Não! Mude a você mesmo! Entenda que, quando você se transforma, tudo se transforma.

Com consciência você não tentará mudar o mundo. Com consciência você saberá o que fazer ou o que não fazer.

O que fazer para você se transformar? Tudo o que tem a fazer é entender. Pense em alguém que te deixa de mau humor. Entenda que esse sentimento negativo está dentro de você. O responsável por este sentimento é você não a outra pessoa. Outro em seu lugar se sente bem na presença dessa pessoa. Não faça exigências, nem tenha expectativas com relação à pessoa. Liberte o tirano que há em você.

Não queira dizer o que a pessoa deve ser, nem como deve se comportar.

Dizer não para as pessoas faz parte de ter a consciência de que você vive a sua vida do jeito que deseja, isso não é egoismo. Egoismo é exigir que as pessoas vivam a vida delas do jeito que você quer. Não devo exigir nada de ninguém que seja para o meu bem-estar.

À medida que a consciência cresce, você reage menos e age mais.

Toda vez que você se sente infeliz é porque você acrescentou algo à realidade. A realidade proporciona o estímulo e você proporciona a reação. Esse acréscimo é uma ilusão. A ilusão é pensar que mudando o mundo exterior então você mudará. Não, não mudará! Você tem que fluir com a vida. O que torna você feliz é o contato com a realidade a cada momento. Nem as pessoas nem os acontecimentos externos tem o poder de magoar você, é você que lhes dá esse poder.

Você precisa estar consciente de seus preconceitos, de seus gostos, de suas aversões e de suas predileções. Se o que você experimenta é o seu conceito ou seu preconceito, então você não está experimentando a realidade, porque a realidade é concreta. Um conceito é estático enquanto a realidade é dinâmica.

A proposta de Anthony de Mello é levar você à consciência da realidade ao seu redor. Consciência significa observar;

observar o que está acontecendo dentro de você e ao seu redor. Olhe, observe, passe horas observando as pessoas, as arvores, os pássaros, as pedras, a grama. Veja a realidade que está além de palavras e conceitos. Desista de seus conceitos, desista de suas opiniões, desista de seus preconceitos, desista de seus julgamentos.

Quando você acende a luz da consciência, a escuridão se vai.

Até que você tenha consciência de si próprio, você não tem o direito de se intrometer com o mundo, com ninguém.

Para sua autotransformação você precisa:

1-Visão interior (sem esforços, sem cultivar hábitos, sem ter um ideal).

2-Entendimento.

3-Consciência.

Ditado oriental: "Se o olho está desobstruído, o resultado é a visão; se o ouvido está desobstruído, o resultado é a audição; se o nariz está desobstruído, o resultado é o olfato; se a boca está desobstruída, o resultado é o paladar; se a mente está desobstruída, o resultado é a sabedoria."

A realidade é percebida quando você elimina seus conceitos e condicionamentos.

Em resumo: O verdadeiro eu é o observador, é aquele que vê, está no seu núcleo, no seu coração, no seu espírito humano.

O ego é o que você pensa que é, está na sua mente, na sua alma.

O ser humano integral é corpo, alma e espírito humanos, tudo unido, inseparável.

Ressurgir dos mortos

Se o ser humano é um ser integral de corpo(forma) + alma(mente) + espírito.

Se com a encarnação do Divino Filho, Cristo tem a natureza divina e a natureza humana.

Se a vontade do Divino Pai é que Cristo seja o caminho para enviar o Divino Espírito ao espírito humano de todas as pessoas.

Se o Divino Espírito e o espírito humano se mesclam em um só espírito divino e humano.

Então, por Cristo, com Cristo e em Cristo, toda a raça humana tem em seu espírito humano a própria divindade.

Como a divindade habita o espírito humano, então o ser humano integral é habitado pela divindade.

A divindade que habita o ser humano integral é que o faz ressurgir dos mortos, integralmente: corpo+alma+espírito.

O corpo ressurreto segundo algumas traduções de 1 Coríntios 15:42-44

Uma tradução cristã católica: O ser humano integral, antes da ressurreição , é corpo integrado à alma, e depois da ressurreição continua ser humano integral, mas passa a ser corpo integrado ao espírito:

It is the same with the resurrection of the dead: the thing that is sown is perishable but what is raised is imperishable; the thing that is sown is contemptible but what is raised is glorious; the thing that is sown is weak but what's raised is powerful; when it is sown it embodies the soul, when it is raised it embodies the spirit. If the soul has its own embodiment, so does the spirit have its own embodiment.

The Jerusalem Bible em inglês em http://www.unz.org/Pub/Bible-1966v02-00292

Na Bíblia de Jerusalém em português temos:

O mesmo se dá com a ressurreição dos mortos; semeado corruptível , o corpo ressuscita incorruptível; semeado desprezível, ressuscita reluzente de glória; semeado na fraqueza, ressuscita cheio de força; semeado corpo psíquico ressuscita corpo espiritual. Se há um corpo psíquico, há também um corpo espiritual.

Na nota G da Bíblia de Jerusalém em português, impressa pela Paulus em 2002, explica que corpo psíquico é o corpo humano animado pela psyché (hebr. nefesh), a alma viva. De 'psíquico' o corpo se tornará 'pneumático' , incorruptível, imortal, glorioso, liberto das leis da matéria terrestre e das suas aparências.

Uma tradução judaico-messiânica: O ser humano integral depois da ressurreição será um corpo controlado pelo Espírito Santo:

Assim é com a ressurreição dos mortos. Quando o corpo é semeado , ele sofre decomposição; ao ser ressuscitado, nunca mais poderá decompor-se. Ao ser semeado, falta-lhe dignidade; ao ressurgir, será maravilhoso. Quando semeado, falta-lhe dignidade; ao ressurgir, será maravilhoso. Quando semeado, é fraco; quando ressurgir, será forte. Ao ser semeado, é um corpo humano comum; ao ressurgir, será um corpo controlado pelo Espírito. Se há o corpo humano comum, também há o corpo controlado pelo Espírito.

Bíblia Judaica Completa traduzida por David H. Stern publicada pela Vida em 2011

Uma tradução cristã protestante: O ser humano integral depois da ressurreição tem um corpo relacionado ao corpo antes da ressurreição mas diferente em sua essência.

Pois assim também é a ressurreição dos mortos. Semeia-se o corpo na corrupção, ressuscita na incorrupção. Semeia-se em desonra, ressuscita em glória. Semeia-se em fraqueza, ressuscita em poder. Semeia-se corpo natural, ressuscita corpo espiritual. Se há corpo natural, há também corpo espiritual.

Bíblia Anotada Expandida, Charles C. Ryrie, editora Mundo Cristão, 2007

No comentário a 15:35-50 o tradutor diz "Nesta passagem, Paulo explica que esse é o corpo que a divindade escolheu dar aos ressurretos (v.38), relacionado ao primeiro (v.36), mas diferente em sua essência (v.39-41).

No comentário a 15:49 o tradutor diz que o corpo ressurreto será semelhante ao de Cristo.

. . . .

Segundo o ponto de vista de Renold J. Blank em seu livro Escatologia da Pessoa, publicado pela Paulus em 2000:

Pag. 109: "A RESSURREIÇÃO ACONTECE NA MORTE:

A alma do ser humano nunca se separa do corpo, porque ela forma com ele uma unidade indivisível da pessoa humana única e substancial.

Esta pessoa, na morte, entra em nova dimensão sem tempo, chamada eternidade.

Naquele momento, o tempo pára de existir como dimensão existencial desta pessoa. Para ela, a morte significa "o fim dos tempos".

Como não há o tempo, não pode haver passagem de nenhum tempo entre um acontecimento e o outro. Por causa disso, é impossível uma alma ficar separada do corpo na eternidade, aguardando ali a ressurreição do corpo. Numa dimensão sem tempo não se pode aguardar nada, pois essa dimensão é o agora atemporal.

A alma de uma pessoa que morre não tem mais tempo de se separar do corpo, pelo simples fato de o tempo não mais existir.

O momento da morte e o momento do Final dos Tempos coincidem na eternidade.

No Final dos Tempos, porém, acontece a ressurreição do corpo, como a Igreja sempre e, com todo o direito, declarou.

Como, porém, este Final dos Tempos acontece no momento da morte, é também neste mesmo momento que deve necessariamente acontecer a ressurreição do corpo.

Nunca, em nenhum momento, a alma humana se separa do corpo e fica sozinha, isto pelo simples fato de que esta alma, entre a morte e o Final dos Tempos, nem teria tempo de se separar do corpo, porque, na eternidade, o tempo não existe mais.

Baseada nestas reflexões lógicas e, tomando em consideração o modelo bíblico não dualista do homem, é que a escatologia contemporânea chegou a formular novo modelo, onde se tenta superar as contradições do modelo anterior:

A RESSURREIÇÃO DA PESSOA HUMANA EM CORPO E ALMA ACONTECE NO MOMENTO DE SUA MORTE, QUANDO ESTA PESSOA INTEIRA E INTEGRAL SAI DE SUA LIGAÇÃO AO TEMPO E ENTRA EM NOVA DIMENSÃO, CHAMADA ETERNIDADE.

A morte dessa pessoa humana não significa uma aniquilação, mas uma profunda transformação de todo o seu ser (cf. Paulo: 1 Cor 15). O agente desta transformação é a divindade. Esta divindade não transforma só uma parte do homem, mas a pessoa inteira. Ele mantém e preserva a identidade total e global daquilo que esta pessoa é, em todas as suas dimensões, de tal maneira que, nesta transformação, "o homem alcança a sua plena identidade pessoal". É aquilo que os textos bíblicos exprimem pela fórmula da ressurreição dos mortos. Em todas as épocas e contra todas as tentações gnósticas e dualistas, a Igreja sempre se manteve firme nesta fé."

Pág. 148: "NA MORTE, A IDENTIDADE DA PESSOA FICA PRESERVADA E, PELA PRIMEIRA VEZ, ESTA PESSOA SE CONHECE EM TODAS AS SUAS DIMENSÕES

Todas as imagens usadas para explicar a transformação pela qual o ser humano passa na morte deixam bem claro um fato fundamental: o que está sendo transformado é a forma exterior, aquilo que nós chamamos de corpo.

O que, porém, se mantém em toda essa transformação é a identidade da pessoa como ser psicomaterial. A pessoa fica a mesma. Ela é idêntica àquela pessoa que morreu. Com o mesmo caráter, com as mesmas características, com todas as suas dimensões, incluindo as dimensões materiais. A pessoa ressuscitada é um eu formado e definido.

A estrutura deste "eu", porém, formou-se na vida vivida de tal maneira que podemos dizer que, na morte, o homem é exatamente aquela pessoa, aquela personalidade que ele mesmo construiu durante sua vida.

Diante deste fato — e depois de termos refletido sobre a transformação da dimensão corporal na ressurreição —, devemos agora perguntar o que acontece com esta pessoa formada, quando ela morreu. Nesta reflexão, devemos sempre manter em mente que aquilo sobre o que refletimos aqui, em passos sucessivos, na realidade é um único processo, um único acontecimento global e integral, por que o ser humano passa na morte e que chamamos ressurreição."

....

No meu ponto de vista, com base no estudo de livros de Escatologia Cristã e na revelação do apóstolo Paulo no capítulo 15 da primeira carta aos Coríntios, ressurgiremos da morte em nosso mesmo corpo mas agora com a matéria celestial e controlado pelo Espírito Santo.

Quando o corpo morre na Terra, então a matéria terrestre de seu corpo começa a se decompor rapidamente e , num piscar de olhos, o corpo ressurge no Céu com uma matéria celeste.

Os versículos 20 a 22 nos permitem ter esperança que, ao morrer na Terra, ressurgiremos no Céu, porque assim foi com Jesus Cristo e assim esperamos que seja conosco.

O versículo 40 revela que existem corpos terrenos e corpos celestiais.

O versículo 42 revela que o corpo com matéria terrestre sofre decomposição. O corpo com matéria celeste não sofre decomposição.

O versículo 44 é chave para entendermos o tipo do nosso corpo celestial. Segundo o site https://bibliotecabiblica.blogspot.com/2015/09/significado-de-1-corintios-15.html

15.44-49 — Animal […] espiritual. O contraste não é entre um corpo material e um imaterial, mas entre aquele sujeito à morte e o que é imortal. O termo grego traduzido por espiritual aqui se refere a um corpo controlado pelo Espírito, em oposição ao dominado pela carne (1 Co 2.15; 10.4). O primeiro homem […] o segundo homem contrasta a natureza pecaminosa que toda pessoa herda com a nova e justificada natureza que obtemos por intermédio de Cristo.

O versículo 48 nos revela que as pessoas nascidas da terra são semelhantes ao homem da terra (Adão) . As pessoas nascidas do céu são parecidas com o homem do céu (Jesus Cristo).

Segundo o site

https://bibliotecabiblica.blogspot.com/2015/09/significado-de-1-corintios-15.html

15.50 — Mera carne e sangue não podem entrar na existência gloriosa de um corpo imortal (v. 35-49). Algo deve acontecer a essa carne para que ela se torne incorruptível (v. 42).

Os versículos 51 e 52 nos revelam que no final dos tempos todos seremos modificados em um instante, em um piscar de olhos.

O versículo 52 nos revela que no final dos tempos os mortos ressurgem para viver para sempre.

O que acontece no fim dos tempos de uma pessoa?

Depois de cruzar a fronteira não há mais a contagem de tempo como a conhecemos.

Como acontece a passagem da pessoa?

Num piscar de olhos , o corpo terrestre material se transforma em corpo celeste espiritual. A matéria se decompõe. Antes e depois da passagem a alma , que sempre foi espiritual, segue integrada ao corpo. O ser humano é um ser de corpo e alma integrados. Antes da passagem o ser humano é corpo material e alma espiritual integrados. Depois da passagem o ser humano é corpo espiritual e alma espiritual integrados.

O que a pessoa leva para sua ressurreição?

Na ressurreição a pessoa tem tudo que lhe é único e exclusivo de sua pessoa: seu nome próprio, os nomes de seus antepassados, sua identidade, sua impressão digital, seu DNA, sua memória genética, a forma de seu corpo, sua história de vida, seus relacionamentos sociais, sua memória psíquica consciente e inconsciente, seus talentos, sua personalidade, seu temperamento.

Para o crente a morte é a passagem para a vida eterna, é um ganho pois estará junto a Cristo. Segundo a Carta de Paulo aos Filipenses . Capítulo 1. Versículos 21 a 23.

....

A divindade é fonte E caminho E corrente de dons

Esta é uma reflexão cristã sobre o circuito divino de dons.

João, discípulo, apóstolo e contemporâneo de Cristo revelou que Divindade é amor. Confira na Primeira Epístola de João, capítulo 4, versículos 8 e 16.

O Divino Pai é fonte de amor infinito.

Cristo é o caminho do amor que provêm do Pai. Confira em João 14,6.

Jesus Cristo revelou que O Pai e Ele são um . Confira em João 10,30.

O Divino Pai e o Divino Filho são um circuito por onde flui a corrente de amor infinito.

Aos seres humanos é concedido participar, através de Cristo, da corrente de amor que flui no circuito de amor infinito. John Main, monge beneditino e líder da Comunidade Mundial de Meditação Cristã, em seu livro sobre meditação, intitulado 'O Caminho do não conhecimento' , no capítulo 'A barreira das distrações' , ensina que 'A verdade extraordinária sobre a proclamação cristã é que todos e cada um de nós , seja qual for o nosso ponto de partida, somos convidados a abrir completamente a nossa consciência para a consciência de Jesus e, nesta abertura,sermos conduzido para fora de nós mesmos, para além de nós mesmos, em direção àquela corrente de amor consciente que flui entre Jesus e o Pai.

Em resumo:

Divindade é Um Circuito de Amor Infinito com 3 Elementos Infinitos: uma Fonte de Amor Infinito; um Caminho de Amor Infinito; uma Corrente de Amor Infinito.

O Caminho de Amor Infinito tem resistência zero à passagem da Corrente de Amor Infinito que provém da Fonte e passa pelo Caminho.

O ser humano é capaz de receber uma parcela finita da Corrente de Amor pois o ser humano tem alguma resistência à passagem da Corrente.

Para dispensar a Si mesmo aos seres humanos , Divindade se utiliza das três pessoas divinas, o Divino Pai, como fonte, o Divino Filho encarnado como linha de transmissão, o Divino Espírito como corrente.

O Divino Espírito habitando no espírito humano para dispensar ao ser humano tudo o que a divindade é em Cristo é o propósito de divindade.

O Divino Espírito é o que a divindade dispensa ao ser humano.

O apóstolo Paulo diz em 2 Coríntios 13,13: "A graça do Senhor Jesus Cristo, o amor da divindade e a comunhão do Espírito Santo estejam com todos vós!"

Amor, graça e comunhão são um único elemento em três estágios: o amor é a fonte, a graça é a expressão do amor, e a comunhão é a transmissão desse amor em graça.

O Divino Pai, o Divino Filho e o Divino Espírito são uma única divindade expressa em três Pessoas: O Divino Pai é a fonte, o Divino Filho é a expressão do Divino Pai, e o Divino Espírito é a corrente transmitida ao ser humano, trazendo a divindade em Cristo para dentro do ser humano. Sem esses três estágios, a essência da divindade não poderia ser dispensada ao ser humano. A ação da divindade é desenvolvida do Divino Pai, no Divino Filho e pelo Divino Espírito.

O Divino Pai é a fonte universal de todas as coisas. Ele é invisível e inatingível. O Divino Pai colocou a Si mesmo em seu Divino Filho a fim de tornar-se acessível ao ser humano. Toda a plenitude do Divino Pai habita no Divino Filho (Cl 1,19; 2,9) e é expressa por meio do Divino Filho (Jo 1,18).

O Divino Filho, a Palavra de Divindade (Jo 1,1) encarnada, é visível e acessível . O ser humano pode ver o Divino Pai , tocá-Lo e ter comunhão com Ele por meio do Divino Filho.

O primeiro estágio de Divindade dispensando-se ao ser humano é por meio da corporificação e encarnação de Si mesmo no Divino Filho como homem e, assim, reproduzindo-se no ser humano.

O segundo estágio de Divindade dispensando-se ao ser humano é por meio do Divino Filho encarnado. Cristo é a corporificação de Divindade. Por sua encarnação o Divino Filho trouxe Divindade ao ser humano e mesclou a natureza divina com a natureza humana. Cristo viveu na Terra por trinta e três anos e experimentou a vida humana diária. Cristo entrou na morte e passou por ela, livrando o ser humano dela.. Após a ressurreição, Cristo não se despiu de Sua humanidade, Cristo continua ser humano e ser divino. Pela sua ascensão aos céus Cristo se sobrepôs a todos. Cristo, o ser humano com natureza divina está entronizado no céu como a Cabeça do universo.

O terceiro estágio de Divindade dispensando-se ao ser humano é que tanto o Divino Pai como o Divino Filho estão no Divino Espírito. Tudo o que está no Divino Pai está no Divino Filho, e ambos, o Divino Pai e o Divino Filho, contendo todos os elementos em Cristo, são introduzidos no Divino Espírito. (2 Cor 3,17 ; Jo 4,24)

O Divino Espírito tem a natureza divina e todos os elementos da natureza humana de Cristo e, como tal, este Divino Espírito todo inclusivo veio para dentro do ser humano e sobre o ser humano. O Divino Espírito está nos seres humanos e a natureza humana está Nele.

Cristo é a divindade expressa e o Divino Espírito é Cristo percebido em realidade.

Quando o Divino Espírito entra no ser humano então a divindade é dispensada ao espírito do ser humano.

A pessoa humana é corpo e alma integrados.

Uma pessoa humana é um ser corporal e também espiritual. A pessoa humana é uma pessoa espiritual porque seu corpo é animado por um principio de vida espiritual chamado alma. O corpo humano (material) unido à alma humana (espiritual) formam uma só natureza humana. A alma é criada por Divindade no exato momento da concepção humana. A Pessoa Integral (corpo e alma) surge no momento da concepção pelos pais biológicos.

A visão que você adota para a antropologia afeta a forma como você vivencia a Cristandade.

O ser humano individual é uma unidade substancial com várias dimensões. O que acontece com o ser humano individual impacta todas as suas dimensões.

Os modelos utilizados para descrever o ser humano individual são:

1) monismo: um só elemento no ser humano. O monismo afirma que a natureza humana é indivisível. O Ser Humano não deve ser percebido como sendo composto de "partes" mas ao contrário, o Ser Humano é uma unidade, um "si próprio".

2) dicotomia: dois elementos em um só ser. O ser humano formado por um elemento material (o corpo) e um elemento espiritual (a alma)

3) tricotomia: três elementos em um só ser. O ser humano formado por um elemento material (o corpo, 'basar' em hebraico, 'soma' em grego); um elemento psicológico (a alma, 'nephesh' em hebraico, 'psuche' em grego); um elemento religioso (o espírito, 'ruach' em hebraico, 'pneuma' em grego).

4) Multidimensional: múltiplas dimensões em um só ser. O ser humano formado pelas dimensões pessoal (EU); emocional; psíquica; histórica; social; cósmica; material; etc.

O ser humano só existe em sua integralidade, isto é, um elemento sem os demais não representa o ser humano integral.

Todo nosso ser, nosso intelecto, nossa vontade, nossas emoções, nossa intuição, são todos envolvidos em nosso conhecimento de Divindade. Divindade não se relaciona com o ser humano em termos fragmentados mas a pessoa inteira do ser humano é importante para Divindade.

Com relação às citações bíblicas 2 Coríntios 5:8 e Mateus 10:28 e outras que indicam que, na morte, a parte imaterial deixa o corpo, Joseph Ratzinger explica que 'a alma é uma noção que exprime a unidade pessoal do homem como um ser supramaterial.'

Conforme Joseph Ratzinger, em Sacramentum Mundi, volume 4, pág.399 :

"... toda declaração sobre corpo e alma... visa sempre ao homem uno, mas dentro de seu estado interiormente diferenciado de um princípio de ser espiritual e material, isto quer dizer de um ser que participa igualmente da dimensão espiritual e da dimensão de espaço e tempo. – As duas afirmações não podem se referir a dois seres distintos, mas também não podem ser simplesmente identificadas. Isso vale também no que diz respeito à declaração sobre plenificação de alma e corpo. A expressão que fala de um estado intermediário de alma sem corpo, 'antes' da ressurreição do corpo, não quer (lido teologicamente) fixar nada, além da diferenciação necessária das duas afirmações. Só em conjunto elas realmente definem o ser do homem e sua plenificação."

O ser humano é tanto material quanto imaterial, mas Divindade está interessado no ser humano como um todo. A ênfase geral da Bíblia é que Divindade se interessa por cada faceta do ser humano, e que não existe nenhum aspecto da vida de um ser humano que esteja fora do Amor e da Providência Divina.

Conforme W. Pannenberg ; Was ist der Mensch? (O que é o homem?) , Gottingen, 1981, p.36

"O ser humano não possui uma alma como realidade independente, em oposição ao próprio corpo; tampouco possui um corpo que se movimenta de maneira totalmente mecânica ou inconsciente. Ambas as ideias são abstrações. O que realmente existe é a unidade do ser vivo, da pessoa humana que se movimenta e reage ao mundo"

Conforme Giovanni Ancona; Escatologia Cristã, Edições Loyola,2013, p.313

"A ressurreição, em outros termos, é o evento que realiza o homem na sua unidade substancial de corpo e alma que o identifica pessoalmente; assim, quando se afirma a reunificação da alma ao corpo na ressurreição , não se quer significar o ato de recomposição de duas grandezas separadas, mas a realização da identidade humana na totalidade das suas expressões espirituais e corpóreas"

Conforme J. L. Ruiz De La Peña, L'altra dimensione, Escatologia cristiana, Roma, Borla, 1981, p.218

"O corpo é a totalidade do homem uno que se apresenta externamente, que se mostra, assim como a alma é a mesma totalidade una e indivisível na usa interioridade e profundidade"
Tudo o que acontece à pessoa humana, acontece a essa pessoa integral.

....

A totalidade da pessoa é corpo, alma, e espírito.

Extraído do texto "A função do mantra" da série de palestras ministrada por D. Bede Griffiths –OSB no John Main Seminar de 1991

Para a meditação o corpo e a mente precisam estar completamente relaxados, para que o espírito possa estar completamente aberto e receptivo ao Espírito Santo de Divindade.

Frei Angelino, em sua oração antes da meditação cristã, pede que o Espirito Santo de Divindade relaxe o corpo, acalme a mente, e tranquilize o coração.

O mantra tem por função recompor a alma, trazê-la de volta ao seu centro, e reunir a totalidade da pessoa (corpo, alma e espírito) com o Espírito Santo de Divindade.

A totalidade da pessoa é corpo, alma, e espírito:

Temos um corpo, o organismo físico que nos une a todos os organismos físicos do universo.

Temos a alma, a psique que é o organismo psicológico, com sentidos, sentimentos, imaginação, razão e vontade. O centro da psique é o ego, isso que em Sânscrito se chama ahamkara, o "fabricante do eu". A psique é muito limitada.

Mas, além dela, há o espírito, o Atman, que é o ponto da transcendência do si mesmo. Naquele ponto, corpo e alma vão além de suas limitações humanas, abrindo-se para o infinito, o eterno, o divino.

A meditação é a passagem além do corpo e da alma, para aquele ponto do espírito.

A meta da meditação é a de centrar o corpo e a alma nas profundezas do espírito, onde o espírito humano encontra o Espírito de Divindade.

Nesse ponto do espírito, transcendemos o ego e nos abrimos para o Espírito Santo. Trata-se de um ponto de encontro, para nosso espírito e o Espírito de Divindade.

A meditação deveria ser aquele ponto de encontro, onde o espírito humano toca e se abre para o Espírito Santo de Divindade. É interessante a maneira pela qual a palavra "espírito" é por vezes utilizada no Novo Testamento para o humano, e outras vezes para o divino: porque é o ponto de encontro. O espírito é aquilo que São Francisco de Sales chamava "o refinado ponto da alma". Trata-se do ponto da transcendência de si, de onde vamos para além de nós mesmos, e recebemos o divino Espírito Santo em nossos corações, ou seja, para o centro de nosso ser. A repetição do mantra é uma simples maneira de mantermos todas as faculdades da alma e corpo centradas nesse ponto do espírito.

Para o cristão, o ponto do espírito é o ponto em que o amor de Divindade inunda o coração através do Espírito Santo.

....

Extraído do texto "O amor que diviniza" às páginas 73 a 77 do livro "A luz que vem de dentro" de Laurence Freeman.

A meditação nos leva a alcançar a conscientização do sentido da palavra "espírito".

Segundo a visão do padre John Main, o propósito primordial do silêncio da meditação é permitir que encontremos nosso próprio espírito. À medida que nos tornamos mais silenciosos, tornamo-nos também mais conscientes do que é o espírito, pois despertamos mais conscientemente para a dimensão do nosso ser.

Compreendemos que o espírito se encerra numa dimensão que difere tanto da mente quanto do corpo, que o espírito não se encontra bem dentro do corpo, como um fantasma em uma máquina, nem exatamente na mente; embora se situe acima do espaço, é mais como um ponto misterioso em que corpo e mente se unem e se transcendem em sua atividade ou processo.

Como São Paulo ensinou, o espiritual é a nossa parte imortal, é o ponto infinito que absorve o mortal e o finito. É no espírito que corpo e mente se unem. A descoberta do espírito é trabalho de integração e de harmonização que sentimos intensificar-se através da meditação.

Perguntamo-nos: "Que é o espírito?", e achamos cada vez mais difícil encontrar a resposta. Seria mais fácil responder se fosse possível estabelecer oposição clara entre os diferentes aspectos de nosso ser, que são os aspectos com que lidamos em nossa vida diária, em nossos relacionamentos e em nossas reflexões sobre o mistério da vida, as dimensões do corpo, da mente e do espírito.

À medida que avançamos na viagem da meditação, percebemos, com o tempo, que não podemos fazer e estabelecer oposições definitivas entre estas três dimensões (corpo, mente e espírito), pois, através da descoberta do espírito, nos tornamos mais enraizados, mais reais nas outras duas dimensões também.

Perguntar: "Que é o espírito?" equivale a perguntar: "Quem sou eu?" Esta pergunta é a mais simples que existe e só pode ser respondida sabendo que "Eu sou a pessoa, que está fazendo a pergunta".

O espírito é a identidade básica e radicalmente simples do que somos, o que há de mais irredutível na pessoa que somos, a pessoa que Divindade conhece e ama. O espírito engloba mente e corpo e cada dimensão da nossa vida, e leva todas estas dimensões à realização de seu pleno potencial quando conseguimos permitir que o espírito aja livremente. A função da meditação seria, portanto, esta: aprender a ser.

Esta é também a função do silêncio da meditação, na qual permitimos que a consciência viaje naturalmente até o seu exato ponto de partida. Este ponto é o centro do nosso ser, onde nos achamos próximos de Divindade, onde entramos em harmonia conosco mesmos e com o Espírito de Divindade.

Sobre o autor

 Décio Martins de Medeiros: Engenheiro de Eletrônica formado pelo ITA em 1975.

Executivo da HP/Agilent de 1977 a 2009.

Consultor de gestão empresarial de 2009 a 2020.

Participa do blog Prazer Compartilhar e do Clube de Autores.

Veja as capas e sinopses dos livros do autor em

https://sites.google.com/view/autordeciomartinsdemedeiros/